Una fidelidad
que genera futuro

Leo P.P. XIV

Una fidelidad
que genera futuro

Con motivo del LX aniversario
de los Decretos conciliares
Optatam totius y *Presbyterorum ordinis*

SAN PABLO

© SAN PABLO 2026
   Protasio Gómez, 11-15. 28027 Madrid
   Tel. 917 425 113
   secretaria.edit@sanpablo.es - www.sanpablo.es
© Dicasterio para la Comunicación - Libreria Editrice Vaticana, 2025

Distribución: SAN PABLO. División Comercial
Resina, 1. 28021 Madrid
Tel. 917 987 375
ventas@sanpablo.es
ISBN: 978-84-285-7497-6
Depósito legal: M. 1758-2026
Impreso en Artes Gráficas Gar.Vi. 28970 Humanes (Madrid)
Printed in Spain. Impreso en España

CARTA APOSTÓLICA

UNA FIDELIDAD QUE GENERA FUTURO

DEL SANTO PADRE

LEÓN XIV

CON MOTIVO DEL LX ANIVERSARIO
DE LOS DECRETOS CONCILIARES
OPTATAM TOTIUS Y
PRESBYTERORUM ORDINIS

1. Una fidelidad que genera futuro es a lo que los presbíteros están llamados también hoy, en la conciencia de que perseverar en la misión apostólica nos ofrece la posibilidad de interrogarnos sobre el futuro del ministerio y de ayudar a otros a percibir la alegría de la vocación presbiteral. El sexagésimo aniversario del Concilio Vaticano II, que se celebra en este Año jubilar, nos brinda la ocasión de contemplar nuevamente el don de esta fidelidad fecunda, recordando las enseñanzas de los Decretos *Optatam totius* y *Presbyterorum ordinis*, promulgados respectivamente el 28 de octubre y el 7 de diciembre de 1965. Son dos textos nacidos de una única inspiración de la Iglesia, que se siente llamada a ser signo e instrumento de unidad para todos los pueblos e interpelada a renovarse, consciente de que «la anhelada renovación de toda la Iglesia depende en gran

parte del ministerio de los sacerdotes, animado por el espíritu de Cristo»[1].

2. ¡No celebramos un aniversario de papel! Ambos documentos, en efecto, se fundamentan sólidamente en la comprensión de la Iglesia como el Pueblo de Dios que peregrina en la historia y constituyen un hito fundamental de la reflexión acerca de la naturaleza y la misión del ministerio pastoral, así como de la preparación para el mismo, conservando con el paso del tiempo una gran frescura y actualidad. Invito, por tanto, a continuar la lectura de dichos textos en el seno de las comunidades cristianas y a su estudio, particularmente en los Seminarios y en todos los ámbitos de preparación y formación para el ministerio ordenado.

3. Los Decretos *Optatam totius* y *Presbyterorum ordinis*, bien situados en el cauce de la Tradición doctrinal de la Iglesia sobre el sacramento del Orden, pusieron ante la atención del Concilio la reflexión sobre el sacerdocio ministerial y manifestaron la solicitud de la asamblea con-

---

[1] Conc. Ecum. Vat. II, Decr. *Optatam totius*, sobre la formación sacerdotal (28 de octubre de 1965), Proemio.

ciliar por los sacerdotes. El propósito era elaborar los presupuestos necesarios para formar a las futuras generaciones de presbíteros según la renovación promovida por el Concilio, manteniendo firme la identidad ministerial y, al mismo tiempo, evidenciando nuevas perspectivas que integraran la reflexión precedente, en la lógica de un sano desarrollo doctrinal[2]. Es necesario, por tanto, hacer de ellos una memoria viva, respondiendo a la llamada a acoger el mandato que estos Decretos han confiado a toda la Iglesia: revitalizar siempre y cada día el ministerio presbiteral, extrayendo fuerza de su raíz, que es el vínculo entre Cristo y la Iglesia, para ser, junto con todos los fieles y a su servicio, discípulos misioneros según su Corazón.

4. Al mismo tiempo, en los seis decenios transcurridos desde el Concilio, la humanidad ha vivido y sigue viviendo cambios que exigen una verificación constante del camino recorrido y una coherente actualización de las enseñanzas conciliares. Paralelamente, en estos años la Iglesia ha sido conducida por

---

[2] Cf S. JOHN HENRY NEWMAN, *An Essay on the Development of Christian Doctrine*, Notre Dame 2024. En este sentido, recuerdo el llamamiento de *Optatam totius* (n. 16) a la renovación y promoción de los estudios eclesiásticos, aún en curso.

el Espíritu Santo a desarrollar la doctrina del Concilio sobre su naturaleza comunional según la forma sinodal y misionera[3]. Con este propósito, dirijo la presente Carta apostólica a todo el Pueblo de Dios, para reconsiderar juntos la identidad y la función del ministerio ordenado a la luz de lo que el Señor pide hoy a la Iglesia, prolongando la gran obra de actualización del Concilio Vaticano II. Propongo hacerlo a través de la perspectiva de la *fidelidad,* que es a la vez *gracia* de Dios y camino constante de *conversión,* para corresponder con alegría a la llamada del Señor Jesús. Deseo comenzar expresando gratitud por el testimonio y la entrega de los sacerdotes que, en todas partes del mundo, ofrecen su vida, celebran el sacrificio de Cristo en la Eucaristía, anuncian la Palabra, absuelven los pecados y se dedican, día tras día, con generosidad a los hermanos y hermanas, sirviendo a la comunión y a la unidad, y cuidando, en particular, de quienes más sufren y pasan necesidad.

---

[3] Cf SÍNODO DE LOS OBISPOS, *Por una Iglesia sinodal: comunión, participación y misión. Documento preparatorio (2021),* 1; PAPA FRANCISCO, *Discurso con motivo de la conmemoración del 50º aniversario de la institución del Sínodo de los Obispos* (17 de octubre de 2015).

Fidelidad y servicio

5. Toda vocación en la Iglesia nace del encuentro personal con Cristo, «que da un nuevo horizonte a la vida y, con ello, una orientación decisiva»[4]. Antes de todo compromiso, antes de toda buena aspiración personal, antes de todo servicio, está la voz del Maestro que llama: «Ven y sígueme» (cf Mc 1,17). El Señor de la vida nos conoce e ilumina nuestro corazón con su mirada de amor (cf Mc 10,21). No se trata solo de una voz interior, sino de un impulso espiritual que con frecuencia nos llega a través del ejemplo de otros discípulos del Señor y que toma forma en una elección valiente de vida. La fidelidad a la vocación, especialmente en el tiempo de la prueba y de la tentación, se fortalece cuando no olvidamos esa voz, cuando somos capaces de recordar con pasión el sonido de la voz del Señor que nos ama, nos elige y nos llama, confiándonos también al indispensable acompañamiento de quienes son expertos en la vida del Espíritu. El eco de esa Palabra es, con el paso del tiempo, el principio de la

---

[4] BENEDICTO XVI, Carta enc. *Deus caritas est* (25 de diciembre de 2005), 1.

unidad interior con Cristo, que resulta fundamental e ineludible en la vida apostólica.

6. La llamada al ministerio ordenado es un don libre y gratuito de Dios. Vocación, en efecto, no significa constricción por parte del Señor, sino propuesta amorosa de un proyecto de salvación y libertad para la propia existencia que recibimos cuando, con la gracia de Dios, reconocemos que en el centro de nuestra vida está Jesús, el Señor. Entonces la vocación al ministerio ordenado crece como donación de sí mismo a Dios y, por ello, a su Pueblo santo. Toda la Iglesia ora y se alegra por este don con el corazón lleno de esperanza y gratitud, como expresaba el papa Benedicto XVI al concluir el Año sacerdotal: «Queríamos despertar la alegría de que Dios esté tan cerca de nosotros, y la gratitud por el hecho de que Él se confíe a nuestra debilidad; que Él nos guíe y nos ayude día tras día. Queríamos también, así, enseñar de nuevo a los jóvenes que esta vocación, esta comunión de servicio por Dios y con Dios, existe; más aún, que Dios está esperando nuestro "sí"»[5].

---

[5] Id, *Homilía durante la Misa de clausura del Año sacerdotal* (11 de junio de 2010).

7. Toda vocación es un don del Padre que pide ser custodiado con fidelidad en una dinámica de conversión permanente. La obediencia a la propia llamada se construye cada día mediante la escucha de la Palabra de Dios, la celebración de los sacramentos –en particular en el Sacrificio Eucarístico–, la evangelización, la cercanía a los últimos y la fraternidad presbiteral, bebiendo de la oración como lugar eminente de encuentro con el Señor. Es como si cada día el sacerdote regresara al lago de Galilea –allí donde Jesús preguntó a Pedro «¿me amas?» (Jn 21,15)– para renovar su «sí»[6]. En este sentido, se comprende lo que *Optatam totius* indica respecto a la formación sacerdotal, deseando que no se detenga en el tiempo del Seminario (cf n. 22), abriendo el camino a una formación continua, permanente, de modo que constituya un dinamismo de constante renovación humana, espiritual, intelectual y pastoral.

8. Por tanto, todos los presbíteros están llamados a cuidar siempre de la propia for-

---

[6] «Preguntando a Pedro si lo amaba, no lo preguntaba porque necesitase saber el amor del discípulo, sino porque quería manifestar el exceso de su amor» (S. Juan Crisóstomo, *De sacerdotio* II, 1: SCh 272, París 1980, 104, 48-51).

mación, para mantener vivo el don de Dios recibido con el sacramento del Orden (cf 2Tim 1,6). La fidelidad a la llamada, pues, no es inmovilidad ni cierre, sino un camino de conversión cotidiana que confirma y hace madurar la vocación recibida. En esta perspectiva, es oportuno promover iniciativas como el Congreso para la formación permanente de los sacerdotes, celebrado en el Vaticano del 6 al 10 de febrero de 2024, con más de ochocientos responsables de la formación permanente provenientes de ochenta naciones. Antes de ser esfuerzo intelectual o actualización pastoral, la formación permanente sigue siendo memoria viva y actualización constante de la propia vocación en un camino compartido.

9. Desde el momento mismo de la llamada y desde la primera formación, la belleza y la constancia del camino están custodiadas por la *sequela Christi*. Todo pastor, en efecto, antes incluso de dedicarse a la guía del rebaño, debe recordar constantemente que él mismo es discípulo del Maestro, junto con los hermanos y hermanas, porque «a lo largo de la vida se es siempre "discípulo", con el constante anhelo

de "configurarse" con Cristo»[7]. Solo esta relación de seguimiento obediente y de discipulado fiel puede mantener la mente y el corazón en la dirección correcta, a pesar de las dificultades que la vida puede depararnos.

10. En estas últimas décadas, la crisis de confianza en la Iglesia provocada por los abusos cometidos por miembros del clero –que nos llenan de vergüenza y nos llaman a la humildad– nos ha hecho aún más conscientes de la urgencia de una formación integral que asegure el crecimiento y la madurez humana de los candidatos al presbiterado, junto con una rica y sólida vida espiritual.

11. El tema de la formación resulta central también para afrontar el fenómeno de quienes, después de algunos años o incluso decenios, abandonan el ministerio. Esta dolorosa realidad, en efecto, no debe interpretarse solo en clave jurídica, sino que exige mirar con atención y compasión la historia de estos hermanos y las múltiples razones que pudieron conducirlos a tal decisión. Y la respuesta que se ha de

---

[7] Congregación para el clero, *El Don de la vocación presbiteral. Ratio Fundamentalis Institutionis Sacerdotalis* (8 de diciembre de 2016), 57.

dar es, ante todo, un renovado compromiso formativo, cuyo objetivo es «un camino de familiaridad con el Señor que involucra a toda la persona: el corazón, la inteligencia, la libertad, y la moldea a imagen del Buen Pastor»[8].

12. En consecuencia, «el Seminario, sea cual sea su modalidad, debe ser una escuela de los afectos, [...] necesitamos aprender a amar y a hacerlo como Jesús». Por ello invito a los seminaristas a un trabajo interior sobre las motivaciones que abarque todos los aspectos de la vida: «no hay nada en ustedes que deba ser descartado, sino que todo debe ser asumido y transfigurado en la lógica del grano de trigo, con el fin de convertirse en personas y sacerdotes felices, "puentes" y no obstáculos para el encuentro con Cristo para todos aquellos que se acercan a ustedes»[9]. Solo presbíteros y consagrados humanamente maduros y espiritualmente sólidos –es decir, personas en las que la dimensión humana y la espiritual están bien

[8] *Discurso a los participantes en el Encuentro Internacional «Sacerdotes felices – Yo los llamo amigos (Jn 15,15)»* promovido por el Dicasterio para el Clero con motivo del Jubileo de los sacerdotes y seminaristas (26 de junio de 2025).

[9] *Meditación con motivo del Jubileo de los seminaristas* (24 de junio de 2025).

integradas y que, por ello, son capaces de relaciones auténticas con todos– pueden asumir el compromiso del celibato y anunciar de modo creíble el Evangelio del Resucitado.

13. Se trata, por tanto, de *custodiar y hacer crecer la vocación* en un camino constante de conversión y de renovada fidelidad, que nunca es un recorrido meramente individual, sino que nos compromete a cuidarnos unos a otros. Esta dinámica es siempre, una vez más, obra de la gracia que abraza nuestra frágil humanidad, sanándola del narcisismo y del egocentrismo. Con fe, esperanza y caridad, estamos llamados a emprender cada día el seguimiento, poniendo toda nuestra confianza en el Señor. Comunión, sinodalidad y misión no pueden realizarse, en efecto, si en el corazón de los sacerdotes la tentación de la autorreferencialidad no cede el paso a la lógica de la escucha y del servicio. Como subrayó Benedicto XVI, «el sacerdote es siervo de Cristo, en el sentido de que su existencia, configurada ontológicamente con Cristo, asume un carácter esencialmente relacional: está al servicio de los hombres en Cristo, por Cristo y con Cristo. Precisamente porque pertenece a Cristo, el sacerdote está

radicalmente al servicio de los hombres: es ministro de su salvación, de su felicidad, de su auténtica liberación, madurando, en esta aceptación progresiva de la voluntad de Cristo, en la oración, en el "estar unido de corazón" a Él»[10].

Fidelidad y fraternidad

14. El Concilio Vaticano II situó el servicio específico de los presbíteros dentro de la igual dignidad y fraternidad de todos los bautizados, como bien lo atestigua el Decreto *Presbyterorum ordinis*: «Los sacerdotes del Nuevo Testamento, aunque por razón del sacramento del Orden ejercen el ministerio de padre y de maestro, importantísimo y necesario en el pueblo y para el pueblo de Dios, sin embargo, son, juntamente con todos los fieles cristianos, discípulos del Señor, hechos partícipes de su Reino por la gracia de Dios que llama. Con todos los regenerados en la fuente del bautismo los presbíteros son hermanos entre los hermanos, puesto que son miembros de un mismo

[10] BENEDICTO XVI, *Catequesis* (24 de junio de 2009).

Cuerpo de Cristo, cuya edificación se exige a todos»[11]. Dentro de esta fraternidad fundamental, que tiene su raíz en el Bautismo y une a todo el Pueblo de Dios, el Concilio destaca el vínculo fraternal particular entre los ministros ordenados, fundado en el mismo sacramento del Orden: «Los presbíteros, constituidos por la Ordenación en el Orden del Presbiterado, están unidos todos entre sí por la íntima fraternidad sacramental, y forman un presbiterio especial en la diócesis, a cuyo servicio se consagran bajo el obispo propio [...]. Cada uno está unido con los demás miembros de este presbiterio por vínculos especiales de caridad apostólica, de ministerio y de fraternidad»[12]. La fraternidad presbiteral, por lo tanto, antes que ser una tarea que hay que realizar, es un don inherente a la gracia de la Ordenación. Hay que reconocer que este don nos precede: no se construye solo con la buena voluntad y en virtud de un esfuerzo colectivo, sino que es un don de la Gracia, que nos hace partícipes del ministerio del obispo y se realiza en la comunión con él y con los hermanos.

---

[11] CONC. ECUM. VAT. II, Decr. *Presbyterorum ordinis*, sobre el ministerio y la vida de los presbíteros (7 de diciembre de 1965), 9.
[12] *Ib*, 8.

15. Sin embargo, precisamente por eso, los presbíteros están llamados a *corresponder a la gracia de la fraternidad,* manifestando y ratificando con su vida lo que se estipula entre ellos no solo por la gracia bautismal, sino también por el sacramento del Orden. Ser fieles a la comunión significa, en primer lugar, superar la tentación del individualismo, que mal se compagina con la acción misionera y evangelizadora que siempre concierne a la Iglesia en su conjunto. No en vano, el Concilio Vaticano II se refirió a los presbíteros casi siempre en plural: ¡ningún pastor existe por sí solo! El mismo Señor «instituyó a doce para que estuvieran con él» (Mc 3,14); esto significa que no puede existir un ministerio desvinculado de la comunión con Jesucristo y con su cuerpo, que es la Iglesia. Hacer cada vez más visible esta dimensión relacional y de comunión del ministerio ordenado, conscientes de que la unidad de la Iglesia deriva «de la unidad del Padre y del Hijo y del Espíritu Santo»[13], es uno de los principales retos para el futuro, sobre todo en un mundo marcado por guerras, divisiones y discordias.

---

[13] S. Cipriano, *De dominica oratione,* 23: CCSL 3 A, Turnhout 1976, 105.

16. La fraternidad presbiteral debe considerarse, por lo tanto, como un elemento constitutivo de la identidad de los ministros[14], no solo como un ideal o un eslogan, sino como un aspecto en el que comprometerse con renovado vigor. En este sentido, se ha hecho mucho aplicando las indicaciones de *Presbyterorum ordinis* (cf n. 8), pero queda mucho por hacer, comenzando, por ejemplo, por la equiparación económica entre los que sirven en parroquias pobres y los que ejercen su ministerio en comunidades acomodadas. Además, hay que tener en cuenta que, en varios países y diócesis, aún no se garantiza la necesaria previsión para la enfermedad y la vejez. El cuidado recíproco, en particular la atención a los hermanos más solos y aislados, así como a los enfermos y ancianos, no puede considerarse menos importante que el cuidado del pueblo que se nos ha confiado. Esta es una de las instancias fundamentales que he recomendado a los sacerdotes con motivo de su reciente Jubileo. «¿Cómo podríamos nosotros, ministros, ser constructo-

---

[14] Cf Congregación para el Clero, *El Don de la vocación presbiteral. Ratio Fundamentalis Institutionis Sacerdotalis* (8 de diciembre de 2016), 87-88.

res de comunidades vivas, si no reinara ante todo entre nosotros una fraternidad efectiva y sincera?»[15].

17. En muchos contextos, especialmente en los occidentales, se abren nuevos retos para la vida de los presbíteros, relacionados con la movilidad actual y la fragmentación del tejido social. Esto hace que los sacerdotes ya no estén insertados en un contexto cohesionado y creyente que apoyaba su ministerio en tiempos pasados. En consecuencia, están más expuestos a las derivas de la soledad, que apaga el impulso apostólico y puede provocar un triste repliegue sobre sí mismos. También por esto, siguiendo las indicaciones de mis predecesores[16], espero que en todas las Iglesias locales surja un compromiso renovado para invertir y promover *formas posibles de vida en común,* de modo que «los presbíteros encuentren mutua ayuda en el cultivo de la vida espiritual e intelectual, puedan cooperar mejor en el ministerio y se libren

---

[15] *Discurso a los participantes en el Encuentro Internacional «Sacerdotes felices – Yo los llamo amigos (Jn 15,15)»* promovido por el Dicasterio para el Clero con motivo del Jubileo de los sacerdotes y seminaristas (26 de junio de 2025).

[16] Cf S. Juan Pablo II, Exhort. ap. postsin. *Pastores dabo vobis* (25 de marzo de 1992), 61; Benedicto XVI, Carta ap. en forma de «Motu proprio» *Ministrorum institutio* (16 de enero de 2013).

de los peligros que pueden sobrevenir por la soledad»[17].

18. Por otra parte, hay que recordar que la comunión presbiteral nunca puede determinarse como un aplanamiento de los individuos, de los carismas o de los talentos que el Señor ha derramado en la vida de cada uno. Es importante que, en los presbiterios diocesanos, gracias al discernimiento del obispo, se logre encontrar un punto de equilibrio entre la valorización de estos dones y la custodia de la comunión. La escuela de la sinodalidad, en esta perspectiva, puede ayudar a todos a madurar interiormente la acogida de los diferentes carismas en una síntesis que consolide la comunión del presbiterio, fiel al Evangelio y a las enseñanzas de la Iglesia. En un tiempo de gran fragilidad, todos los ministros ordenados están llamados a vivir la comunión volviendo a lo esencial y acercándose a las personas, para custodiar la esperanza que se hace realidad en el servicio humilde y concreto. En este horizonte, sobre todo el ministerio del diácono permanente, configurado con Cristo Siervo,

---

[17] CONC. ECUM. VAT. II, Decr. *Presbyterorum ordinis,* sobre el ministerio y la vida de los presbíteros (7 de diciembre de 1965), 8.

es signo vivo de un amor que no se queda en la superficie, sino que se inclina, escucha y se entrega. La belleza de una Iglesia formada por presbíteros y diáconos que colaboran, unidos por la misma pasión por el Evangelio y atentos a los más pobres, se convierte en un testimonio luminoso de comunión. Según la palabra de Jesús (cf Jn 13,34-35), es de esta unidad, arraigada en el amor recíproco, de donde el anuncio cristiano recibe credibilidad y fuerza. Por eso, el ministerio diaconal, especialmente cuando se vive en comunión con la propia familia, es un don que hay que conocer, valorar y apoyar. El servicio, discreto pero esencial, de hombres dedicados a la caridad nos recuerda que la misión no se cumple con grandes gestos, sino unidos por la pasión por el Reino y con la fidelidad cotidiana al Evangelio.

19. Una imagen feliz y elocuente de la fidelidad a la comunión es sin duda la que presenta san Ignacio de Antioquía en su *Carta a los efesios:* «También conviene caminar de acuerdo con el pensamiento de vuestro obispo, lo cual vosotros ya hacéis. Vuestro presbiterio, justamente reputado, digno de Dios, está conforme con su obispo como las cuerdas a la cítara. Así

en vuestro sinfónico y armonioso amor es Jesucristo quien canta [...]. Es, pues, provechoso para vosotros el ser una inseparable unidad, a fin de participar siempre de Dios»[18].

Fidelidad y sinodalidad

20. Llego a un punto que me interesa especialmente. Al hablar de la identidad de los sacerdotes, el Decreto *Presbyterorum ordinis* destaca ante todo el vínculo con el sacerdocio y la misión de Jesucristo (cf n. 2) y señala luego tres coordenadas fundamentales: la *relación con el obispo,* que encuentra en los presbíteros «colaboradores y consejeros necesarios», con los que mantiene una relación fraterna y amistosa (cf n. 7); la comunión sacramental y la *fraternidad con los demás presbíteros,* de modo que juntos contribuyan «a una misma obra» y ejerzan «un único ministerio», trabajando todos «por la misma causa», aunque se ocupen de tareas diferentes (n. 8); la *relación con los fieles laicos,* entre los cuales los presbíteros, con su tarea específica, son hermanos entre hermanos,

---

[18] S. Ignacio de Antioquía, *Ad Ephesios*, 4, 1-2: SCh 10, París 1969⁴, 72.

compartiendo la misma dignidad bautismal, uniendo «sus esfuerzos a los de los fieles laicos» y aprovechando «su experiencia y competencia en los diversos campos de la actividad humana, para poder reconocer juntos los signos de los tiempos». En lugar de destacar o concentrar todas las tareas en sí mismos, «descubran con el sentido de la fe los multiformes carismas de los seglares, tanto los humildes como los más elevados» (n. 9).

21. En este campo aún queda mucho por hacer. El impulso del proceso sinodal es una fuerte invitación del Espíritu Santo a dar pasos decididos en esta dirección. Por eso reitero mi deseo de «invitar a los sacerdotes [...] a abrir de alguna manera su corazón y a participar en estos procesos»[19] que estamos viviendo. En este sentido, la segunda sesión de la XVI Asamblea sinodal, en su *Documento final*[20], propuso una conversión de las relaciones y los procesos. Parece fundamental que, en todas las Iglesias particulares, se emprendan iniciativas adecuadas

---

[19] *A los participantes en el Jubileo de los equipos sinodales y de los organismos de participación* (24 de octubre de 2025).
[20] Cf Sínodo de los Obispos, *Documento final de la Segunda Sesión de la XVI Asamblea General Ordinaria «Por una Iglesia sinodal: comunión participación y misión»* (26 de octubre de 2024).

para que los presbíteros puedan familiarizarse con las directrices de este Documento y experimentar la fecundidad de un estilo sinodal de Iglesia.

22. Todo ello requiere un compromiso formativo a todos los niveles, en particular en el ámbito de la formación inicial y permanente de los sacerdotes. En una Iglesia cada vez más sinodal y misionera, el ministerio sacerdotal no pierde nada de su importancia y actualidad, sino que, por el contrario, podrá centrarse más en sus tareas propias y específicas. El desafío de la sinodalidad –que no elimina las diferencias, sino que las valoriza– sigue siendo una de las principales oportunidades para los sacerdotes del futuro. Como recuerda el citado *Documento final,* «los presbíteros están llamados a vivir su servicio con una actitud de cercanía a las personas, de acogida y de escucha de todos, abriéndose a un estilo sinodal» (n. 72). Para implementar cada vez mejor una eclesiología de comunión, es necesario que el ministerio del presbítero supere el modelo de un liderazgo exclusivo, que determina la centralización de la vida pastoral y la carga de todas las responsabilidades confiadas solo a él,

tendiendo hacia una *conducción cada vez más colegiada,* en la cooperación entre los presbíteros, los diáconos y todo el Pueblo de Dios, en ese enriquecimiento mutuo que es fruto de la variedad de carismas suscitados por el Espíritu Santo. Como nos recuerda *Evangelii gaudium,* el sacerdocio ministerial y la configuración con Cristo Esposo no deben llevarnos a identificar la potestad sacramental con el poder, ya que «la configuración del sacerdote con Cristo Cabeza –es decir, como fuente capital de la gracia– no implica una exaltación que lo coloque por encima del resto»[21].

Fidelidad y misión

23. La identidad de los presbíteros se constituye en torno a su *ser para* y es inseparable de su misión. De hecho, quien «pretende encontrar la identidad sacerdotal buceando introspectivamente en su interior quizá no encuentre otra cosa que señales que dicen "salida": sal de ti mismo, sal en busca de Dios en la adoración, sal y dale a tu pueblo lo que te fue encomen-

---

[21] Papa Francisco, Exhort. ap. *Evangelii gaudium* (24 de noviembre de 2013), 104.

dado, que tu pueblo se encargará de hacerte sentir y gustar quién eres, cómo te llamas, cuál es tu identidad y te alegrará con el ciento por uno que el Señor prometió a sus servidores. Si no sales de ti mismo, el óleo se vuelve rancio y la unción no puede ser fecunda»[22]. Como enseñaba san Juan Pablo II, «los presbíteros son, en la Iglesia y para la Iglesia, una representación sacramental de Jesucristo, Cabeza y Pastor, proclaman con autoridad su palabra; renuevan sus gestos de perdón y de ofrecimiento de la salvación, principalmente con el Bautismo, la Penitencia y la Eucaristía; ejercen, hasta el don total de sí mismos, el cuidado amoroso del rebaño, al que congregan en la unidad y conducen al Padre por medio de Cristo en el Espíritu»[23]. Así, la vocación sacerdotal se desarrolla entre las alegrías y las fatigas de un servicio humilde a los hermanos, que el mundo a menudo desconoce, pero del que tiene una profunda sed: encontrar testigos creyentes y creíbles del Amor de Dios, fiel y misericordioso, constituye una vía primordial de evangelización.

---

[22] Id, *Homilía durante la santa Misa crismal* (17 de abril de 2014).
[23] S. Juan Pablo II, Exhort. ap. postin. *Pastores dabo vobis* (25 de marzo de 1992), 15.

24. En nuestro mundo contemporáneo, caracterizado por ritmos acelerados y por la ansiedad de estar hiperconectados, lo que a menudo nos vuelve frenéticos y nos induce al activismo, hay al menos dos tentaciones que se insinúan contra la fidelidad a esta misión. La primera consiste en una mentalidad eficientista, según la cual el valor de cada uno se mide por el rendimiento, es decir, por la cantidad de actividades y proyectos realizados. Según esta forma de pensar, lo que haces está por encima de lo que eres, invirtiendo la verdadera jerarquía de la identidad espiritual. La segunda tentación, por el contrario, se califica como una especie de quietismo: asustados por el contexto, nos encerramos en nosotros mismos, rechazando el desafío de la evangelización y adoptando un enfoque perezoso y derrotista. Por el contrario, un ministerio gozoso y apasionado –a pesar de todas las debilidades humanas– puede y debe asumir con ardor la tarea de evangelizar todas las dimensiones de nuestra sociedad, en particular la cultura, la economía y la política, para que todo sea recapitulado en Cristo (cf Ef 1,10). Para vencer estas dos tentaciones y vivir un ministerio gozoso y fecundo, cada sacerdote debe permanecer fiel a la misión que ha

recibido, es decir, al don de la gracia transmitido por el obispo durante la Ordenación sacerdotal. La fidelidad a la misión significa asumir el paradigma que nos entregó san Juan Pablo II cuando nos recordó a todos que la caridad pastoral es el principio que unifica la vida del sacerdote[24]. Es precisamente manteniendo vivo el fuego de la caridad pastoral, es decir, el amor del Buen Pastor, como cada sacerdote puede encontrar el equilibrio en la vida cotidiana y saber discernir lo que es beneficioso y lo que es *proprium* del ministerio, según las indicaciones de la Iglesia.

25. La armonía entre la contemplación y la acción no debe buscarse mediante la adopción apresurada de esquemas operativos o mediante un simple equilibrio de actividades, sino asumiendo como central en el ministerio la *dimensión pascual*. Darse sin reservas, en cualquier caso, no puede ni debe implicar la renuncia a la oración, al estudio, a la fraternidad sacerdotal, sino que, por el contrario, se convierte en el horizonte en el que todo se comprende en la medida en que se orienta al Señor Jesús, muer-

---

[24] Cf *ib*, 23.

to y resucitado para la salvación del mundo. De este modo, se cumplen también las promesas hechas en la Ordenación que, junto con el desapego de los bienes materiales, realizan en el corazón del presbítero una búsqueda perseverante y una adhesión a la voluntad de Dios, haciendo así que Cristo se manifieste en cada una de sus acciones. Esto ocurre, por ejemplo, cuando se huye de todo personalismo y de toda celebración de uno mismo, a pesar de la exposición pública a la que a veces obliga el cargo. Educado por el misterio que celebra en la santa liturgia, todo sacerdote debe «desaparecer para que permanezca Cristo, hacerse pequeño para que Él sea conocido y glorificado, gastándose hasta el final para que a nadie le falte la oportunidad de conocerlo y amarlo»[25]. Por eso, la exposición mediática, el uso de las redes sociales y de todos los instrumentos disponibles hoy en día debe evaluarse siempre con sabiduría, tomando como paradigma del discernimiento el del servicio a la evangelización. «Todo me está permitido, pero no todo es conveniente» (1Cor 6,12).

---

[25] *Homilía durante la santa Misa pro Ecclesia* (9 de mayo de 2025).

26. En cualquier situación, los presbíteros están llamados a dar una respuesta eficaz, mediante el testimonio de una vida sobria y casta, al gran anhelo de relaciones auténticas y sinceras que se encuentra en la sociedad contemporánea, dando testimonio de una Iglesia que sea «fermento eficaz de los vínculos, las relaciones y la fraternidad de la familia humana», «capaz de alimentar las relaciones: con el Señor, entre hombres y mujeres, en las familias, en las comunidades, entre todos los cristianos, entre los grupos sociales, entre las religiones»[26]. Para ello es necesario que sacerdotes y laicos, todos juntos, realicen una verdadera *conversión misionera* que oriente a las comunidades cristianas, bajo la guía de sus pastores, «al servicio de la misión que los fieles llevan a cabo en la sociedad, en la vida familiar y laboral». Como observó el Sínodo, «de este modo, quedará más claro que la parroquia no está centrada en sí misma, sino orientada a la misión y llamada a apoyar el compromiso de tantas personas que, de diferentes maneras, viven y dan testimonio

---

[26] Sínodo de los Obispos, *Documento final de la Segunda Sesión de la XVI Asamblea General Ordinaria «Por una Iglesia sinodal: comunión participación y misión»* (26 de octubre de 2024), 20; 50.

de su fe en su profesión y en las actividades sociales, culturales y políticas»[27].

Fidelidad y futuro

27. Espero que la celebración del aniversario de los dos Decretos conciliares y el camino que estamos llamados a compartir para concretarlos y actualizarlos se traduzcan en un renovado Pentecostés vocacional en la Iglesia, suscitando santas, numerosas y perseverantes vocaciones al sacerdocio ministerial, para que nunca falten obreros para la mies del Señor. Y que se despierte en todos nosotros la voluntad de comprometernos profundamente en la promoción vocacional y en la oración constante al Dueño de la mies (cf Mt 9,37-38).

28. Sin embargo, junto con la oración, la escasez de vocaciones al sacerdocio –especialmente en algunas regiones del mundo– exige que todos revisemos la capacidad generativa de las prácticas pastorales de la Iglesia. Es cierto que a menudo los motivos de esta crisis pueden ser diversos y múltiples y, en particular, depender del

---

[27] *Ib*, 59; 117.

contexto sociocultural, pero, al mismo tiempo, debemos tener el valor de hacer a los jóvenes propuestas fuertes y liberadoras y de que en las Iglesias particulares crezcan «los ambientes y las formas de pastoral juvenil impregnadas del Evangelio, donde puedan manifestarse y madurar las vocaciones a la entrega total de sí»[28]. Con la certeza de que el Señor nunca deja de llamar (cf Jn 11,28), es necesario tener siempre presente la perspectiva vocacional en todos los ámbitos pastorales, en particular en los juveniles y familiares. Recordémoslo: ¡no hay futuro sin el cuidado de todas las vocaciones!

29. Para concluir, doy gracias al Señor, que siempre está cerca de su pueblo y camina con nosotros, llenando nuestros corazones de esperanza y paz, para llevarlas a todos. «Hermanos y hermanas, quisiera que este fuera nuestro primer gran deseo: una Iglesia unida, signo de unidad y comunión, que se convierta en fermento para un mundo reconciliado»[29].

---

[28] *Discurso a los participantes en el Encuentro Internacional «Sacerdotes felices – Yo los llamo amigos (Jn 15,15)»* promovido por el Dicasterio para el Clero con motivo del Jubileo de los sacerdotes y seminaristas (26 de junio de 2025).

[29] *Homilía con motivo del inicio del Ministerio petrino del Obispo de Roma* (18 de mayo de 2025).

Y doy las gracias a todos ustedes, pastores y fieles laicos, que abren su mente y su corazón al mensaje profético de los Decretos conciliares *Presbyterorum ordinis* y *Optatam totius* y se disponen, juntos, a nutrirse y estimularse mutuamente para el camino de la Iglesia. Encomiendo a todos los seminaristas, diáconos y presbíteros a la intercesión de la Virgen Inmaculada, Madre del Buen Consejo, y a san Juan María Vianney, patrono de los párrocos y modelo de todos los sacerdotes. Como solía decir el santo Cura de Ars: «El sacerdocio es el amor del corazón de Jesús»[30]. Un amor tan fuerte que disipa las nubes de la rutina, el desánimo y la soledad, un amor total que se nos da en plenitud en la Eucaristía. Amor eucarístico, amor sacerdotal.

Dado en Roma, junto a san Pedro, el 8 de diciembre, solemnidad de la Inmaculada Concepción de la Bienaventurada Virgen María, del Año jubilar 2025, primero de mi Pontificado.

Leo P.P. XIV

---

[30] «Le Sacerdoce, c'est l'amour du cœur de Jésus», en BERNARD NODET, *Le curé d'Ars. Sa pensée, son cœur*, París 1995, 98.

Índice

Leo P.P. XIV

DILEXI TE
Te he amado

Sobre el amor hacia los pobres

EXHORTACIÓN APOSTÓLICA DE S.S. LEÓN XIV

SAN PABLO

El papa León XIV, en esta primera Exhortación apostólica y en continuidad con la encíclica *Dilexit nos* del papa Francisco, nos invita a comprometernos por el bien común de la sociedad y, en particular, por la defensa y la promoción de los más débiles y desfavorecidos, para que cualquier pobre pueda sentir que las palabras de Jesús: «Yo te he amado» son para él.

León XIV, en el sexagésimo aniversario de la declaración *Gravissimum educationis*, quiere celebrar, con esta Carta apostólica, la fecunda historia educativa de la Iglesia y remarcar la necesidad de actualizar sus propuestas a la luz de los signos de los tiempos. Insta a todas las comunidades educativas a que desarmen las palabras porque la educación no avanza con la polémica sino con la escucha.

Con motivo del aniversario del primer Concilio Ecuménico de Nicea, el papa León XIV, en esta Carta apostólica, hace un llamamiento a todos los cristianos a caminar juntos, custodiando y transmitiendo con amor y alegría el don recibido de la fe. Como en Nicea, hemos de propiciar un ecumenismo orientado al futuro, de reconciliación en el camino del diálogo y de intercambio de dones y patrimonios espirituales.